KB271344

노크

저자의 글

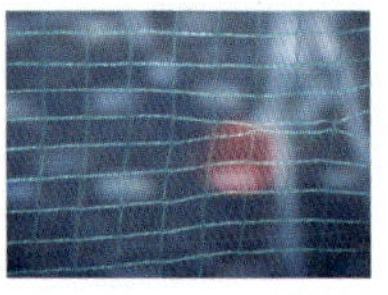

일상의 변주

시와 사진의 결합이라는 작업에 매료되었다.

글은 글대로 사진은 사진대로 완성된 의미와 가치를 지닌다. 하지만 글과 사진의 조합으로 창조되는 또 다른 의미와 가치는 글을 읽는 것에서 보는 것으로, 사진을 보는 것에서 읽는 것으로 감각의 지평을 넓히고 공감의 채널을 다원화 한다.

나의 글과 사진작업은 늘 주변에서 이루어진다. 일상에서 흔히 보는 것, 듣는 것, 마주치는 것 등이 좋은 소재가 되고 주제가 된다.

여러 사람들이 이 작품을 함께 보고, 읽고, 공감하며 고개를 끄덕여 주기를 기대한다. 그럼으로써 아름다움이 잠시라도 우리들의 마음에 머물러 준다면, 그것으로서 행복한 나날이 될 것 같다.

2019년 3월

봄의 길목에서 황금모

차례

PART 1

나

가끔은

내가
어디에 있는지
어디로 가는지

궁금하다

YOU

아!
감탄사 한 마디로
대신할 수 없는
꽃의 역사
시간의 흐름

기억

밑물과 썰물의 운율을

기억한다

꿈결에서도 들려오던

물결소리

화석이 되었다

너와 나

와락

안기고픈

풍덩

빠져들고픈

뜨겁게

사랑하고픈

기다림

이렇게 기다리면
오겠지?

연두에 부쳐

짙푸름을 향해 질주하는
연두를 본다
은밀한 출렁임으로
세상을 엿보던,

내게도 그런 시절이 있었다

우수 경칩에

버들강아지 기지개 켠다

온갖
숨 쉬는 것들의 호흡이
한 순간에 터져 나오던 날

수묵화를 그리다

안개 낀 유리 호수
담채색이다

숨도, 눈 깜박임도 멈춘 수면

수묵화를 그리다
마음이 흠뻑 젖어들었다

반 영

오래 바라보았습니다

시린 발이 감각이 없어질 때 쯤
보였습니다

수면에 어린 내 모습이
한 폭의 그림으로 일렁입니다

인 연

씨줄과 날줄을 엮는다
가다가 때로는
꼬이기도, 끊어지기도
또 넘어지기도

그러다 둥글둥글
서로 보듬는 상처들

누슈

수수만 년 간직해 온

그녀들만의

숨결

언어

지금은 사라진

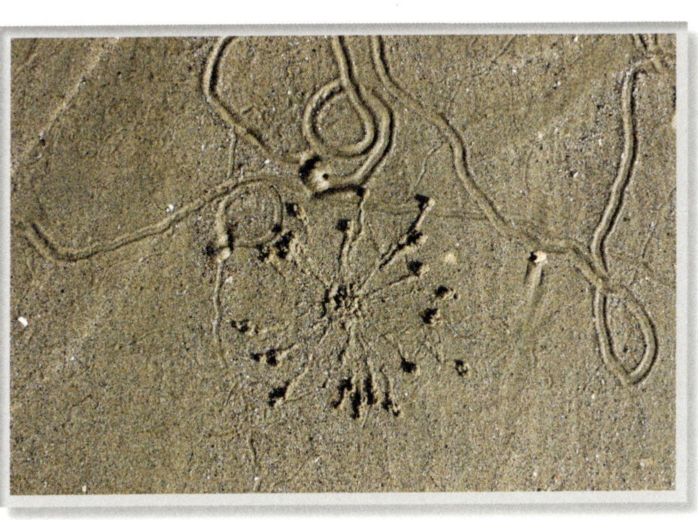

이별

바람아 잠깐만

조금만 더
머물러 줘

그림자

가장
솔직해지는 시간

설렘 주의보

나를 들여다 본다는 건

두근두근

기대 반

두려움 반

기다림의 미학

기다리다가

기다리다가

눈이 쌓이도록 기다리다가

애잔한 풍경이 되어버린

PART 2

배경

배경

누군가의 배경이 되어줄 때
진정한 나를 만날 수 있다

약속

'몸과 마음 아프지 않기'

봄비 내리는 날 아침
멀리 있는 친구와 통화하며
약속합니다

창밖, 빗방울도 매달려 끄덕입니다

Dream

난 꿈이 있어요 ~
그 꿈을 믿어요 ~

빛을 향한
매미의 꿈

소문

아, 아, 알려드립니다
핑크 바이러스가
떠돌아 다닌다고 합니다
감염되지 않도록
주의하세요

6월

불 밝힌 등꽃
그 농밀한 그늘 속으로
초대되는
여름

유리 감옥

이대로 떠날 수가 없어
그대를 가두었지요

시간이 흘러
유리벽이 사라진다 해도
잔상은 남겠지요

유혹

쉿, 들려요
떨리는 목소리

감추지 말아요
내 가슴은 이미
불덩이 인걸요

비 오는 날의 수채화

꿈결인 듯 잠결인 듯
들리는 이 소리는
비님 인가요
그대 목소리인가요

행여 달아날까
두 눈을 꼬옥 감습니다

봄 꿈

은밀했던 단 한 번의 만남
단 한 번의 입맞춤

도저히 참을 수 없어
터져버린 웃음

봄바람한테 들키고 말았다

alone

외로워서
눈물을 글썽였다
하나가
여럿으로 보였다

이제, 외롭지 않다

삶

삶이
꽃길만이 아니라는 걸
알려주고 싶었어

삶은
가시밭길도 있다는 걸
보여주고 싶었어

약속

두려워하지 마

이제 곧 바람이 불어와

뿔뿔이 흩어져도

우린 다시 만날 수 있어

만·날·수·있·어

소꿉친구

셋이라서

가끔 편이 갈리기도 하지만

오순도순

정다웠던

우리들의 어린 날

우담바라

삼천년에 한 번
뵈올 수 있다 하였나요
머리 숙여
합장으로 우러릅니다

고백

네가

거기 있는 것만으로도

행복한

볼 빨간 사춘기

PART 3
하모니

하모니

뾰족함과 각을 내려놓는다
동그랗게 그려지는 삶

그 삶을 닮아가려는 여정이
아름다운 궤적을 남긴다

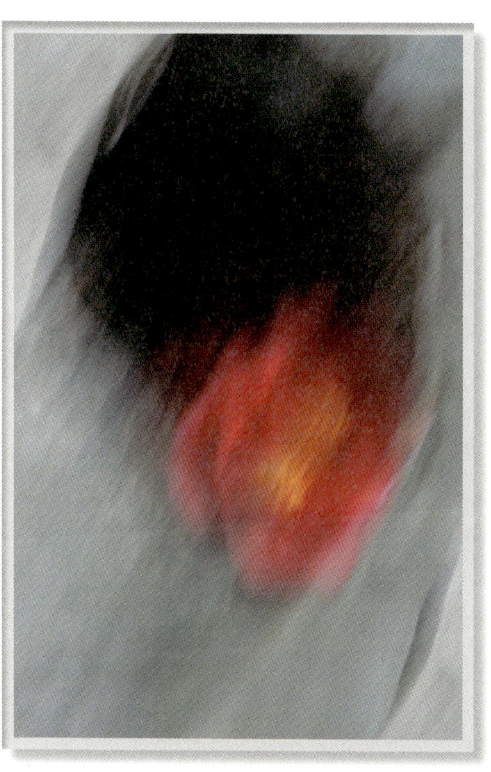

가을 연가

한 잎 낙엽에 시선이 꽂혔다

고왔던 혈색은 허공에 흩어지고
더운 피 흐르던 혈맥
총총한 눈빛으로 남아

푸른 하늘에 그물망을 던진다

빗방울 전주곡

톡, 톡, 톡
리듬을 타고 흐르는

작은 방울들이 모여
멜로디가 되었다

나이듦에 대하여

더 겸손하게
더 신중하게
더 지혜롭게

정

친구가 배 두 알을 가져왔다
그 배는 내가 먹고
집에 있는 배를
세 알 싸주었다
과즙이 진해졌다

봄비

바사거림도, 단단함도
찔림도, 발끈함도
부드럽고 유연하게 해주는
봄비가 내립니다

천천히, 깊게 심호흡을 합니다

봄은

빛의 경계도
소리의 경계도
시간의 경계도 허문
마음의 흐름

결

숨결
바람결
비단결

그리고
마음결

임무 교대

밤새 수고한 당신
이젠 쉬어요
이제부턴
내가 일할 시간이에요

짬

바쁘다는 이유로 짬을 내지 못해
가족에게 친구에게
늘 미안하다

짬은
시간의 조각이 아닌
마음의 조각인 것을

기도

제가
해드릴 수 있는 건
꽃 속에
모시는 것
뿐이었어요

숨바꼭질

나 보여?
아니
나 찾을 수 있어?
아니, 아니

안 보이는 척
능청을 부린다

물방울 등

아무리 수십 개를 밝혀도

가슴 깊숙이

숨겨 둔 이 마음은

눈치채지 못할 걸

이슬

밤새
먼 길 달려와
총총히 밝히는
아침

세월

육십 킬로미터로 달린다
점점 더 빨라지는
속도

단풍잎 한장에라도
매달리고 싶은

PART 4

경계 너머

경계 너머

늘
저 너머를 동경했다

이쪽에서는 저쪽을
저쪽에서는 이쪽을

호수

하루를 건너온 해
그 고단한 여정을 호수가 품는다

묵묵히
지켜보는 산 그림자

순응

아무리 척박해도

싹 티우고

꽃 피우고

열매도 맺어요

내 삶이니까요

초원에서는

낮은 자세로 걸어야 한다
납작 엎드려
풀과 꽃과 작은 동물들과
눈높이를 맞출 때
비로소, 그들의 숨소리를 들을 수 있다

도플갱어

수면을 경계로
두 세상이 마주 섰다

내가 있는 세상과
또 다른 내가 있는 세상의 경계는
어디일까

뉴스

가끔, 그러나 종종
아픈 소식을 듣는다

아직은 붉은 심장 벌떡이는데
관심의 사각지대에
버려진 경고

놀이터

해지도록
떠들썩하던 아이들의 함성은
어디에…

노마야
노올자~

때로는

고통을
끌어안은 모습이
아름답습니다

추억 속으로

무이네 사막에서 만났던

미와 리엔

헤어질 때, 글썽이던 눈동자를

차마 떠올릴 수 없어

뒷모습만 기억한다

안녕…

미끄럼 주의보

발걸음도

그림자도

자동차 바퀴도 미끌미끌

가로등도 미끄러져 기우뚱한 밤

담쟁이

연두로 태어나

녹음을 지나고

가을에 이른 저 빛깔은

가을 담은 갈색

차이

아이의 마음은

극락

어른의 마음은

번뇌

의자

그래,
너희도 쉬어야겠지

그늘로
들어앉으렴

벽화

바람이 붓칠을 한다

부드럽게 느리게
때론
힘차게 빠르게

붓놀림이 연주하는 자연교향악

블랙 박스

일거수일투족이 조심스럽다

곳곳에서

나를 지켜보는

눈

눈

그 날

삼십 년
곱게 기른 아이
제 짝 찾아 떠나던 날
태양마저
창백해졌다

노크

ⓒ 황금모, 2019

지은이_ 황금모

펴낸곳_ 도서출판 도훈
        (권선구 입북로 65 / 376-2017-000061)
발행일_ 2019년 3월 11일

사무실_ 서울시 용산구 이태원로15길 14-4
전 화_ 010-6722-4621, 0507-1453-4621
팩 스_ 0504-227-4621
이메일_ flyhun9@naver.com
홈페이지_ www.dohun.kr

ISBN_ 979-11-89537-09-8 03800
정 가_ 12,000원

「이 도서의 국립중앙도서관 출판예정도서목록(CIP)은
서지정보유통지원 시스템홈페이지(http://seoji.nl.go.kr)와
국가자료공동목록시스템(http://www.nl.go.kr/kolisnet)에서
이용하실 수 있습니다. _CIP2019007966」

도서출판 도훈은 수익금의 일부를 학생들을 위한 장학금으로 지급하고 있습니다.